JN410918

詩鄕

인지
생략

| 들꽃동인시선 60 | 시향동인 7집 |

詩鄕

2023년 10월 15일 초판인쇄
2023년 10월 20일 초판펴냄

지은이/시향동인

펴낸이/문창길

펴낸곳/도서출판 들꽃
주 소/04623 서울 중구 서애로 27 서울캐피탈빌딩 B2-2호
전 화/02)2267-6833, 2273-1506
팩 스/02)2268-7067
출판등록/제5-313호.
E-mail:dlkot108@hanmail.net

값 10,000원

* 파본된 책은 바꾸어 드립니다.

ISBN 978-89-6143-233-7 03810

들꽃동인시선 60

詩鄕

| 시향동인 제7집 |

김 순

안미숙

유회숙

박정희해남

오정말

이영임

들꽃

10년 만에 발아한 것이다.
시의 씨앗 동인 여섯 명
각자의 빛깔이 아름답다.
그래서 더욱 소중하다.
『詩鄕』 제7집
시의 본향에
또다시 거목으로 남는다.

2023년 10월
시향동인

김 순

김순 본명 김영순. 광주광역시 출생. 1999년 《自由文學》 시 등단. 시향동인 시집 『詩鄕』 제1집~제7집. (사)강북문인협회 이사 (사)한국현대시인협회 회원.

김순

자존심

처음엔
화가 났어요

자고나니
내 허물이 보이더라고요

또 한 밤을
지새우고 나니
내가 잘못했어요

멀리도 돌아 왔네요
'미안하다' 는 말

문득 그립다

우리동네 시장안
이불집 앞에 서면
외할머니 생각이 난다

완행열차를 타고
벌교역에 내리면
치마가 훌러덩
바람이 세차게 불었지
이불 한 채를 이고
중학생 계집아이가
그 먼 길을 겁도 없이 걸었어

타닥타닥 장작불 앞에서
흰수건을 머리에 두른
외할머니가
조청을 젓고 계셨지

함박눈이 떡가루처럼 내리고
아랫목에 다디단

고구마가 산처럼 쌓여 있었어

뉘시요?
고맙게 무슨 이불이다요
가끔씩 노망이 든다는 외할머니가
인절미와 조청을 내어 놓았어
목구멍에서
인절미 내려가는 소리가
어찌나 크게 들리던지

올 겨울에 나는
희끗한 흰머리를 이고
벌교역 산 너머 외할머니를
만나러
기차역으로 나가볼까

뉘시요. 할머니는?
희디흰 이불을 덮고 여전히
나를 몰라 보시겠지

내 고향은 베이비박스

내 이름은 베이비
몇 살이냐고요?
그건 나도 모르겠어요
신림동 언덕길
예배당 담장에
비에 젖은 나팔꽃이
어둠 속에 울고 있었대요
품속은 따뜻했어요
방금 전 까지도요
그림자 하나가 얼핏 몸을 숨기고
밖이 무척 소란했지요
여기저기 혀를 차는 소리가 들렸어요
어머 애기 입술 좀 봐
가여워라
내 입술이 나팔꽃을 닮았나 봐요
젖병이 놓여 있었지만
소용없는 일이었어요
사무실 자매님이 내 이름을 적어요
성명 베이비

본적 신림동예배당 베이비박스
예배당 담장에
이름 모를 꽃들이 키재기를 해요
우리들 고향은 베이비박스
뽑혀갈 날짜만
기다리고 있지요

욕심

남편이
뒷산에서 산삼을 캐왔다

팔아서 집 장만하자고 애원했다
우리식구 이것 먹고
천년만년 살자 한다
뿌리부터 잎사귀까지 잘근잘근 씹었다
하늘이 노랗다
지구가 뱅글뱅글 돈다

네 식구가 응급실에 나란히 누웠다
집 네 채를 거뜬하게 횡재 할 뻔했다

독초였다

죽음, 그 놈

나에게는
나를 꼭 닮은
그가 살고 있다
애써 외면해 보지만
그가 나를 놓아주는 일은 없다

내가 태어나던 날
그도 함께 동행했다

요양원에서

뽕나무 잎사귀
다 갉아 먹어버린
누에들은
나방이 되어 흩어져 떠나버리고
내가 다시
누에가 되어 누웠다

침대 깊숙이 쳐들어온 햇살이
망할 놈의 목숨을
아무렇지도 않게
희롱하고

산수유 가지 끝에 걸린
노오란 바람은
하루종일
내 마음을 흔들어 놓는다

또
봄이구나

그런 사람

두 다리 쭉 뻗고
눈물 콧물 풀어내며
가슴 까뒤집어 보여도
하나도 부끄럽지 않을
어디?

그런 빈방 없소?

불시착

우리는
바다가 요동치기를 기다리며
포경선을 피해
혹등고래를 타고 떠난다
알래스카를 지나 북태평양 어디쯤에서
우리의 실종 소식을 듣게 될 거야

빚쟁이가 할퀴고 간 대문에
빨간딱지가 흩날리고
전기, 수도가 끊겼다
쵸코우유에 수면제를 털어 넣어
어린 딸에게 건넨다
울면서 순대국밥을 먹어본 적이 있는가
내장 한 점이 목구멍을 타고 내려가다 멈췄다

아득히
혹등고래의 노랫소리가 들리고
지금이에요
페달을 힘껏 밟아요

완도 바닷속 뻘밭에서
우리의 자동차는 한 달 만에 발견되었지
고래는 혼자 떠나버리고
우리는 다시
혹등고래를 찾아서
잔잔한 우주로 헤엄쳐 떠나요
지구에 다시 올 것을
약속하며
모두들 안녕!

낙화

봄 밤에
당신이
툭, 내게 던진 말
사랑인 줄 알았는데
이별이네요
창문에 얼비친
그대의 함박웃음
깜짝 놀라
잠결에 뛰쳐 나갔더니
목련꽃
달빛 아래
저만치 서 있네요
당신과 나
손바닥 한 뼘 만큼의 거리
다시
사랑하면
안되나요

살다보니

감꽃이 흐드러지게 핀 마당에서
엄마는 내 이빨을
지붕으로 힘껏 던지며 소리쳤다
까치야 까치야
헌 이빨 줄게 새 이빨 다오

육십년을 지켜낸
희미한 엄마의 사랑이
쨍그렁,
치과 쇠쓰레기통으로 사라져버리고

먹어야 살지요
까치가 내 잇몸에 돈다발을 박아넣고
손을 내민다
임플란트 네 개가
감쪽같이 심어졌다

'당분간 몇 달은 굶어야겠구나'
빈 지갑을 들여다보며 나는 중얼거린다

운명

하느님과
가장
가까운 거리에서
고층빌딩 창문을 닦는다

예고 없는 소나기가
창문을 때린다

창문 속 그가
황금빛소파에 기대어
조롱하듯
와인잔을 높이 치켜든다

허리춤에 묶어둔
불어터진 찬밥 한 덩이가
세상을 향해
우수수 흩어져 날린다

목구멍에 걸려있던

비늘 하나가
'꽥' 하며 소리친다

말해보시오
삶이란 도대체 무엇이요

피아노 건반에서
베토벤이 튀어나와
'운명' 이라고
외친다

만추

불타는
지리산 뱀사골
시간은 저대로
가뭇없이 흐르고
무거워진 몸뚱이
앞서거니 뒤서거니
뼛속까지 태워버리고
가을이
황금빛 계곡 속으로
비틀거리며
달린다

느티나무는

요양원 담장에
커다란 느티나무가
쓰러져 누웠다

지리한 장마에
이미 손 털고 날아가 버린
민들레 꽃씨들이
서른 마지기 논에
깃대를 꽂고
다시 모였다

비바람 막아주고
그늘 만들어
업어 재워주던
천년사랑이
연기가 되려나 보다

백 년도 살지 못하고

봄날에

바람 부는 날
신호등 앞에 서서
첫사랑을 기다린다

개나리 담장에 기대어
아까시껌을 질겅질겅 씹으며
하루종일 나를 기다리던
벚꽃이 눈처럼 날리는
호숫가를 몇 번을 돌고 돌아서
골목끝 파란 대문집 앞에 서면
저 혼자 놀던 달이
아버지의 헛기침 소리에
놀라 도망가고
노란 땡땡이 원피스 목덜미에
아까시 향기는
밤새 뒤척이며 잠 못 이루고

바람 부는 날
신호등 앞에 서서

첫사랑을 기다린다
어디선가
훅
아까시 향기가
코끝을 스쳐 지나간다

봄날에

그거 아니?

울음을 멈추고
가슴에
얼굴을
묻어 봐

얼음장 같은
고요와
낯선 슬픔이
마주할 거야

삶과 죽음은
따뜻함과 차가움
그 둘 뿐

아무것도 아니더라

박정희 해남

박정희
해남

본명 박정희. 전남 해남 출생. 《自由文學》 시 등단. 제10회自由文學賞 수상. 제18회한국문인협회 작가상 수상. (사)한국현대시인협회 이사. 국제PEN한국본부 이사. (사)한국문인협회 국제교류위원. (사)강북문인협회 지부 회장. 시향동인. 시집 『그리운, 소낙비』 『섬속의 섬 한 권 엮었다』.
이메일 top6660@hanmail.net

박정희해남

자화상

심장이 쿵 울렸다 말없음으로 기다리다 꽃씨 하나 숨어들어 싹트고 있다는 걸 흙은 알고 있는 듯, 시심으로 조요히 뿌리내리고 싹 하나 땅속 깊이 평반에 물담은 듯, 단단한 살빛향기로 보탠다 속을 텅 비운 까닭은 더 단단해지기 위함이라며 시의 행간에 마음을 내어준다 어리석은 기교도 다 내려놓곤 숲이 되는 지금, 세찬 바람에도 흔들리지않고 無等 잠들지 않는 낮달을 품으며 비로소 우듬지 드러낸다

바람에 무너져도 선채로 모두를 안아주는
박정희 시인은 모소대나무*야
늘 하시던 정공채 스승님 그말씀…

바람이 귓바퀴를 툭 치고간다

*모소대나무: 땅속에서 뿌리만 내리다가 5년째에야 잎이 나면서 쑥쑥 커가는 죽순대궁이.

헌책방

골목 모퉁이 바람 타고
퇴역한 책들의 시간여행
끄트머리구석으로 나를 밀어넣는다
헌책뭉치가 입구부터
입석까지 만석이다
잊고지냈던 시간을 넘기며
추억들을 꺼내 어눌한 그늘을 나른다
책 틈새로 달빛은 언어의 집을 짓고
하나둘 별들 불러모은다
시간을 고정해놓은 빛바랜
이상, 시집 초판 책더미에 끼여 졸고
오늘도 지식을 먹는다
그 속에 마른 꽃잎 하나 누워 있다
시간을 멈춘 듯한 헌책들의
노후가 폐지로 묶일까
서둘러 몇십 권 머리에 이고
미리내 자박자박
골목을 휙 돌아나올 때
묶인 책들이 바람을 풀고

눈썹달이 헌책방간판에 걸려있다

그첫줄에 걸린 것은 한 줄뿐이다

길

반쯤 뭉개진 그림자를 달고
저 길을 가보고 싶다
아직 가지 않는 그 길은 바람의 길
여울지는 하나의 기억
생의 감각을 흔들어 주었다
들꽃도 별들도 많은 구부러진 길,
돌부리에 걸려 엎어졌다
쓰러진 나뭇등걸이 내 발목을 낚아챈다
타박타박 익은 사랑 비인 하늘에 걸려있다
길 끝엔 두드릴 문이 보일 것만 같아,
마냥 길 따라 걷다
나만의 길이 된다
빛바랜 글밭들 쉼표, 마침표도 없는 길
내 하루는 무슨 점을 찍을까
묵은 꽃잎들이 입주름 펴고 날아간다
움직이는 것은 그늘뿐이다
바람의 길 한 권의 시집을 눈감고도 외울 지경이다

지나온 길은 내가 쓴 시간의 詩

백제의 천년 내력
-낙화암

고란사 석간수에
왕조의 혼 목적시니
시간의 태엽이 잠든 기억을 깨워
부여의 위상을 높인다
낙화암 절벽 웅크린 틈사이
천년세월 하 많은 바람으로
검루 같은 지조를 힘써 지키고
삼천의 가무
타던 속울음마저 지워 낸다
계백의 거친 숨소리,
말발굽 소리,
바랜 풍경을 훑고 지나간다
처연한 심사 어려 있는
연무 깊은 백마강 등에
무량수 별이 뜬다 백제의 아픔
푸른 물결 안개비로 다 쓸어 안고
천년 달빛 사비성에 잠든다

詩의 비밀

행간 터널 빠져나와 명주실 혼으로
고치 속 누에를 뽑는다
진실 있어 별을 쌓는 공간
혼이 피어난다

서쪽 하늘에 돋는 내 눈물
별을 찾아 노 젓다 지친 마음
침묵으로 둘둘 말아
종이분쇄기 톱날을 돌린다
비밀들이 우르르 꽃비로 쏟아진다

한줌의 바람까지
주파수를 맞추어 안테나를 세우고
홀로 공간에 갇힌 사색은
편두통을 앓다
무너진 가슴 뒷짐 진다

하루의 역사가 기록된 비밀을 주워 담는다

시인의 방

시인의 방에는 다 있다

언어들 모두 다 쓸 수 있다

잠 안 오는 밤 갖다 쓰기만 하면 된다

모래성도 집이 된다

글 나와라, 꿈도 세상이 된다

진실이면 시어가 나온다

눈물 속에 시를 짓는 일이다

그대 詩 속에 고이 죽는 일이다

소금꽃

삐삐꽃 한창인 유월
비금도 갯마을 바람이 불면
등떠밀리고 떠밀리다
물의 알이 깨지고 있다
탈출구 없는 사각의 모서리안
생각 한 겹 접어두고
얼굴을 핥고 지나가는 바람 차갑다
눈물 가득 채우고 외발수레를
밀고당기면 좌르르
고무래가 염전바닥물을 깎는다
숭얼숭얼 무리를 지어
소금꽃 필 때
소복하게 피우는 꽃들의 수다
땀범벅된 염씨 묵언의 수행을 한다
유월 한해 허리가 접히고
중년의 반도 접힌다
소금기만 바삭한 빈가슴에
별빛 한 줌 덧댄다

섬 집

-옥정호

물 끝에
아득히 섬 하나 보인다

노 저으면
안개 걷히고
물아래 집 한 채
새소리 바람소리 들락거린다

귀어두운 노부부를 위해
낡은 라디오는 목소릴 높이고
더 늙은 호롱불이
물건너온 편지를 가물가물 읽어준다

사나흘 별을 헤다
물아래
달뜨는 걸 처음 보았다

노부부는
달을 베고눕는다

꿈속*에서

-책

집을 비운 사이에 언어들이 돌아왔다
잉크 냄새사이로 달이 뜨고
머릿속에는 책장넘길
촉수가 무수히 자라나고있었다

간밤의 푸른꿈
단단히 잘 여문 단어
눈뜨고 못보던 시어
행간에서 걸어나오는 기호들,
박제할 표본을 수집하고있는 중이었다

속깊이 묻어둔 우물안으로
한 권 이야기 건져낼
두레박을 내리고있는데
바닥이 닿지않아 그믐달을 담고있다
연결되지 않은 단막극이었다
명치끝이 저리다

*한국현대시인협회 편 '동북아 시집' 해석하다가 잠든 사이.

호수가 아름다운 집

지붕위 큰해가 마당거쳐 안채로 들어설 무렵
사금들이 쌓여있는 호수로 금주리마을이 통째로 빠졌다

장마내내 자란 물풀 가운데 집들 아련아련 들어서고
시낭송 중인 햇살들이 호수위로 떠간다

가물가물 떠오르는 수련, 등 하나 밝혀두고
저마다 연등처럼 싹틔울 때

솨아- 물풀들이 꽃여는 소리

앞마당 한 그루 앵두나무꼭대기에 저녁새 두 볼이 빨갛다
호수속에 빠져있는 내 볼도 빨갛다

리어커 · 2

오늘이 마지막인 듯
반납되지 않는 저녁

초라한 책더미 옷가지
열사흘 달을 품고
밤새워 흔들렸다

눈이 부은 그믐달
시간의 무늬 부서진 꿈
울타리가 없는 집 들어서서
집 경계를 허물고
창틀 가득 안부를 물어온다

기나긴 하루의 노역이 끝나는
리어커 할매
흔들리는 하루가
가지 끝에 매달려
울지 못한 시간을
밤 깊도록 깁는다

〉

다 못 쓴 내 젖은 언어
파지 대신 쉼표만 채운다

별빛이 살금살금 내 등에 업힌다

행글라이더

산모퉁이에서 자유를 펼친
양 날개
수평으로 중심을 잡아라
공중에도 길이 있다

날기는 날되 함부로 날지않는 그

하늘끝자락 날갯짓하며 금빛햇살 휘젓는 새소리
바람소리 가볍다

하늘에서 깊은 바다의 바닥을 본 적 있는가?
구름위에서 저하늘의 다락을 살펴본 적 있는가?

새가 되고싶어 더 높이 날아오른다

맨홀은 왜 둥글까
-한 남자

바람도 숨막혀 헉헉대고 뱅뱅뱅 제자리서 맨홀 뚜껑 굴리는 삼양동 네거리 한 남자
녹슨 파편 낮달로 걸린 오후
꿈 하나 잰걸음 외발로 헛방딛고 빗변 매달려 꼭짓점 향해 달리다가 묵직한 짐아래 손가락 하나 꿈적하지않는다
꿈으로 개놓은 행간에서
도시를 깨우는 빈하늘 그남자
선잠자다 집 한 채 짓는다

달항아리

맏며느리 젖가슴 봉긋한
보름달이다

항아리속 비우고
마음도 비우고,

간장속으로 얼굴 내밀자
고정시킨 시침들이 걸려있다

달을 채운 항아리가
꿈쩍않고 누워있다

진통 삭히고 미련까지 비워내
속내가 보이는
한층 더 깊어진 사랑,

바람이 쓸고간 자리엔
여린마음이 출렁이고 있다
〉

빈항아리는
달님을 가득 채우고 있다

대숲에서

- '소쇄원'

대숲바람 푸른 '소쇄원' 하늘 찌르고있는 대나무 그핏빛그늘 품었으니, 새들 불러모은다

대부딪는 소리 쩡! 막힌 혈관 뚫리고 서늘한 바람 다녀가셨다

휘청 발 한쪽 헛디딘 대숲 한 무리 새떼가 날아가자 죽향이 발목을 덥석 잡아 물었다

촉 더딘 목소리로 대숲 천지에 욕심 한 파람 내려놓고, 대나무처럼 살까나 속 다 비우고 대숲 울음소리나 한바탕 들려줄까나

속을 텅 비워버린 대나무 그속등골로 내 욕심을 불어넣는다

안 미 숙

안미숙

서울 출생. 1999년 《自由文學》 시 등단. 2020년 《月刊文學》 동시 등단. 시향동인 시집 『詩鄕』 제1집~제7집. (사)한국문인협회 회원. (사)강북문인협회 회원.

이메일 ansuk422@hanmail.net

안미숙

일 없습니다

내 짝꿍은
북한에서 왔다

선생님이 물어도
일 없습니다

내가 물으면
일 없다

반 친구들이 물으니
일 없어

북한에서는 무슨 일이 있길래
일 없지?

무당거미

줄을 타고 내려 온
무당거미

바람 길에다
실을
걸었다

엉덩이 들썩들썩
기둥 만들고
엉덩이 들썩들썩
기둥 단단히 묶고

베를 다 짠
무당거미

바람에 내 걸었다
하얀 손수건

봄바람과 할머니

봄바람이
대문을 열고
들어 왔다

마당에 나뭇가지
'톡
토도독 톡'
할머니와 눈싸움을 한다

유모차에
봄바람을 태우고
마실 가시는 할머니

민들레

돌 틈 사이에
민들레 꽃 폈다

하루 종일

오가는 신발들
노랗게 물들이고

저녁이면 피곤해서
꽃잎을 오므린다

여름 해

해바라기 꽃잎 데치고
백일홍 썰고
능소화 줄기 올리고

까마중 열매 뿌려서
망초꽃 후라이 얹어

마지막엔
매미 소리 톡톡

바람 숟가락으로
쓱쓱 비벼

크게 한입

마당에 누워
배 두드리는 해님

장터

아파트 입구에
장이 섰다

노랑 빨강 하양
펼쳐 놓고

오가는 사람
불러 들인다

매화꽃
한 묶음

개나리
한 묶음

진달래
한 묶음

새소리 꽃향기

덤으로

눈빛으로 담아가는
꽃장터

접시꽃

접시꽃 요리
들어 보셔요

바람에
닦은
접시에다

구름 한 접시
햇살 한 접시
웃음 한 접시
향기도 한 접시 수북이 담아요

접시꽃 요리 한 상
드시면

콧노래 부를 때마다
꽃향기 퍼질 거예요

나팔꽃 세탁소

골목길
등불이 켜지면
나팔꽃 세탁소
문을 열어요

해님이
걷어온 빨랫감
먼지를 탈탈 털어
밤하늘에 담구어요

땀 얼룩 한 덩이
풍덩 빠지고
국물자국 얼룩 한 덩이
풍덩 빠져요

바람에 헹궈
새벽이 오기 전
세탁소 앞마당
빨랫줄에 널어요

느티나무

치마를 입은 느티나무
아이들이 모여든다

자전거 탄 아이
태권도 한 아이
피아노 친 아이

살랑살랑 치마
흔들릴 때마다
새 떼처럼 날아 오른다

느티나무 치마 속에
아이들이 모두 숨었다

파도

학고 가기 싫어
꼼짝 않는데

무섭게
소리 지르고

달려
왔다가

가방 둘러메는
모습 보고는

사르르
용서 해주는
엄마

티머니

학교에서 속상한 일 있어
ㄸㅣㄱ- 아이스크림 사고

학원에서 문제 풀고 오다
ㄸㅣㄱ- 쫀득기 사고

엄마 늦게 온다고 해서
ㄸㅣㄱ- 컵라면 샀다

편의점 티머니
휴대전화 다음 내 친구

스파이더맨

손에서 끈끈한
거미줄 나와
높은 빌딩
오르락내리락 하며
어려운 일도 척척

내 친구 동식이
손에서 거미줄 안 나오지만
화장실에 갇혀
못 나온 친구
구해주고

높은 유리창도
긴팔을 뻗어
쓱쓱 대신
닦아주는

우리 반 스파이더맨

DMZ 고라니

아기 고라니가 태어났어요
도리도리도 잘 따라해요

아장아장
풀밭을 잘도 걸어요

여긴 안 돼!
철조망을 가로 막고

여기도 안 돼!
빨간 깃발 가로 막고

DMZ 엄마 고라니
말썽쟁이 막아서느라
너무 바빠요

팥빙수 골목

겨울이면
꽁꽁 언 골목
얼음 부스러기
수북수북

한 그릇 퍼 담아
발자국 얹고
웃음소리 섞은
팥빙수

집에 오는 길
골목길 팥빙수
해님이 다 먹어 치우고
국물만 주르륵

바람 미용실

꽃샘바람이
할머니 머리
손질한다

앞으로 넘기고
뒤로 넘기고
옆으로 넘겼다

마지막엔
매화꽃잎을
찌 익

할머니
펑키머리
어때?

오 정 말

오정말

선북 고창 출생. 1998년 《自由文學》 시 등단. 시향동인 시집 『詩鄕』 제1집 ~제7집. (사)한국문인협회 회원. (사)강북문인협회 이사. (사)한국현대시인협회 회원. 재능시낭송협회 회원. 시낭송가, 화가.

오정말

텃밭 기지국
남편의 발바닥
물웅덩이
굴뚝연기가 간판이다
청보리밭
놓친 기차를 향해
여백
겨울묵화
석류에 대한 생각
세발낙지
비자림숲
담쟁이 손바닥
뒤란의 풍경
봄꽃
지렁이

텃밭 기지국

잠잠하던 텃밭이 시끌벅적하다

까맣고 쬐끄만
씨 한 알
텃밭에 떨어졌을 뿐인데
그 자리에
작은 기지국이 세워졌다

웅웅 웅얼웅얼
나비들 수신소리
벌들의 타전소리
종일 야단법석이다

그리움이 서로의 안부를 묻는 사이
고향 향기를 품은 벌나비가
강낭콩 넝쿨을 타고 사방으로 날아오른다

남편의 발바닥

무너진 논둑의 구멍을 막고
묵은 자갈밭을 파헤쳐 일구고
식구들의 논밭이 됐던 굳은살
쩍쩍 금이 간
황폐한 남편의 발바닥

쇠굽에 박힌 징처럼 굳은살이 박여
지금은 메이커 운동화도
실크 양말도 들어가지 않네
단호히 말할 수 있는 건
젊은날 아이들과 만들어 신었던
후박잎새 신발이 제격인 발

누가 뭐라해도
이건 굳은살이 아니라
굽힐 대로 굽힌 소의 눈물자국
내가 모르는 사이
남편은 발바닥 한구석에
소의 울음을 재우며 살았네

물웅덩이

비 그친 오후
산길 가는 길목
물웅덩이에
한 뼘 물 고였다
가던 길 멈추고
자세히 들여다보니
물 아래
푸른 하늘을 품고
하늘만큼

깊어졌다

굴뚝연기가 간판이다

한낮을 훨씬 넘긴 시간
지리산 둘레길 걷다가
골목을 기웃거리자
마침 수건 뒤집어쓴 할머니가
짧은 지팡이로 담 곁의 옹기를
툭툭 쳐 보인다

- 밥집 찾소
- 여그서는 이것이 간판이지라우

당혹스러워 하는 내게 할머니는
무심한듯 덤덤하게 던지는 느리디느린 사투리

- 그랑께 저 냉갈이
  길도 되얏따 시계도 되얏따 식구덜 이름도 되얏따
  편지도 되얏따 이불도 되얏따 허는 거시제…
  여그서는 다 그렇코롬 사는디 뭣 땀시
  우덜만 보란듯 밥집입네 하고
  이름표를 달것소 남사스럽게…

〉

그래도…
말끝을 흐리는 시선 너머
이래서 나는 아직껏 고향 사람 축에
끼지 못하는 걸까

살아온 날을 되짚어 본 긴 하루다

청보리밭

보리밭에 나갔다

슬픔 하나 없이
엎어져 우는 보리밭

바람이 몸살을 앓는 사이
소리 꺾인 파도
푸름을 죽이다가
있는 힘 다해
나를 일으킨다

밤사이 무슨 일이 생긴걸까

놓친 기차를 향해

비 그친 오후 대합실에서
서성이고 있는 낯선 나를 본다
뒤늦게, 기차를 놓친 게 아니라
기차가 나를 떠났다는 걸 알았다
젖은 바람으로 이곳저곳을 떠돌며
흑백의 시간들을 잃어버리는 동안
나는 까맣게 몰랐다
기차가 내 곁에 없다는 것을
사랑은 늘 곁에 있는 것들만 품는 게 아니었다
함께 침묵하고 다독이며
마음을 대신해 주던 기차
깜빡한 사이 그를 놓쳐 버렸다
그와 함께 했던 꽃냄새 어디쯤
두리번거려도 기차는 보이지 않았다
그날부터 지금도
나는 거기 낡은 의자로 앉아 있다

여백

꼬깃꼬깃 구겨진 후에 알았다
앞과 뒤가 존재하는 화선지
색칠하다 여백을 스쳤을 뿐인데
그림속에 마음을 숨기고 있었다

은근히 그림자를 내 비췄던
농담의 시간들
그때마다 가슴이 펄럭거리며
서운한 마음에 외면하고
허탈감에 때로는 짓뭉갠 적 있지만
어쩌지 못할 그들만이 느끼는
색색의 사정이 있을거라 침묵했다
그들과 결별을 고한 그날부터
앞뒤도 스멀스멀 바래어 갔다

여백이 침묵을 벗어나 산중 돌탑 뒤로
자취를 감춘 후 손바닥에 스미는
그리움의 얼룩들
〉

수묵화 여백속에는
그 누구도 눈치 못 챈
캄캄한 농담이 숨어있다

겨울묵화

우이암 소나무를 봐요

눈 뒤집어 쓴 채
바위틈에 엎드린
저 묵묵한 몸짓을

내 안의 떨림도
내 안의 파도도
자연속에 저대로
놔두면
저렇듯 거침없이 고요한
생의 한 작품이 될까요

나
역시도,

석류에 대한 생각

사랑아, 나를 빠개어
와르르 쏟아내거라
쏟는것만이 진심이었다는 듯이

가슴의 여민 울음들 남김없이
뒤척이는 별똥별에게 주거라
기어이 터트릴 것들은 터트리고
쏟을 수 있는 것들은 다

침묵이 된 스무 살 적 웃음의 절정을
지상의 그리움으로 익혀
나는 소통하고자 함을

사랑, 그 게 뭐라고
여민 가시속에 눈물 숨긴 채
석류빛 붉게 터지는 뒤꼍
텃밭에 앉아 울었다
종일 울었다

세발낙지

쉼없이 움찔거리고 있다

절묘한 한 획 그 끝을 찾아
필생동안 붓과 씨름하던 그
오늘은 푸른 접시위에서
혼신의 힘으로
대나무를 치고있다

발가락을 늘릴 적마다
간절히 내리 꽂히는
저 휘어지는 직립의 피리소리
사정없이 꺾어
나도 누군가의 흰 이마에
화룡점정 한 획 긋고 싶다

비자림숲

사는게 젖었다 싶은 날
푸른 웃음을 선물로 꺼내준
비자림 숲길
허리에 수인표 하나씩 달고
일개미들이 먹이를 나르듯
무언의 인사 나누며
우리를 마중하고 있다
가만히 귀 기울이지 않아도 들린다
아이들의 초록웃음이 가볍게 날아서
여백속에 무음을 쏟아내는 소리
그런 길의 눈맞춤은
짧을수록 생경하고 정겹다
아무 때고 샘터 찾아가
물목하는 새들과 다람쥐와 수인사로
가난한 안부 물어가며
생의 속도를 느리게 해주는 길
어쩌다 폭우 쏟아지는 날 오면
기꺼이 그 숲에 잡혀
침묵의 탑이 되어도 좋겠다

담쟁이 손바닥

그림자가 창안을 기웃거리다
휙 사라진다
놀라 얼른 그 쪽을 바라본다
어둠을 훔쳐보고 있던
담쟁이 손바닥이다
쏜살같이 어디론가 마구 달아난다
바람이 뒤쫓는 것도 아니다
푸른 대문옆 우편함을 지나
그대로 도망친다
살다보면 때로는
무언가를 훔쳐보고 싶은
그런 날이 있다

그런 날은
끝내 몸살을 앓는다

뒤란의 풍경

늦더위가 자글거리는 뒤란
화살나무 정오 속으로
키 작은 그림자가 되어
느리게 걸어 들어간다
검은 옷을 걸친 초라한 햇살이
시간의 심지를 낮추며
내 젊은날도
붉은 모란꽃잎으로 흔들리다
매미 울음과 함께
검은 문장으로 주저앉는다
그 앞을 지나던 흰나비
물고 온 생의 가장 무성했던 그늘을
가볍게 꽃그림자속에 감추고
긴 숨 몰아쉬고 있다

봄꽃

종일 자는 떡애기
볼 오물거리며 자꾸 웃는다

저 평화의 배냇짓
나비모빌이 내려와 보고
딸랑이도 다가와 보고

파도 한 무더기 밀어 올리려나
웅가꽃 피우려고 저러나

콧등에 땀 송송한 아기가
느닷없이 입 삐죽이다
휘몰이 가락으로 자지러진다

엄마가 봄을 여는 사이
엉덩이 나비골 사이로 노란
웃음 같기도 하고
등불 같기도 한
세상의 환한 그 똥꽃

〉

한동안 안 보이더니
올해의 첫 꽃이
내 원피스자락에도 피었다

지렁이

기적소리에
아랑곳하지 않은 채
묵묵히 가던 길 가는
저 뚝심

몇 번이나
세상의 한복판을
뒤돌아 걸었을까

바닥에서 바닥으로
생의 조바심을 내려놓고
유유자적 꿈틀거린다

유회숙

유회숙

충북 청주 출생. 1999년《自由文學》시 등단. 시집『흔들리는 오후』『꽃의 지문을 쓴다』『나비1 나비3』『국수사리 탑』. 저서『편지선생님』이 있다. 지식경제부장관 표창 우정사업본부장 표창. 불교문예작품상 수상. 국립산림자유원 '숲, 디카詩' 수상. 시향동인 강북문협 회원. (사)한국문인협회 제도개선위원. (사)한국현대시인협회 이사. (사)한국산림문학회 이사. (사)한국편지가족 고문으로 손편지쓰기강사 인지개발교육지도사로 활동 중이다.

이메일 yuyuchon@hanmail.net

유회숙

나비의 비행

가슴골 보일락 말락 문득 리본이 풀어지는,
봄의 난간에서 나비가 피워 올리는,
환한 곡선으로 도시의 거친 호흡들 꽃잎이 되는,
주위를 살피는가 싶더니 나비의 방 안으로 들어가는,
날개의 반점 점점 넓히며 맘껏 가슴을 부풀리는,
꽃은 꽃대로 나비의 배경이 되는,
푸른 고요도 한 송이 걸음 멈추는,
아직은 사거리 꽃집을 떠날 수 없는,
굉음과 속력이 질주하는,
빌딩숲과 근린공원 접고 그 찬란한 순간을 접는,
저만치 나풀나풀 나비를 좇아가는,
사거리에서 한 발짝도 움직이지 않는,

나비와 나와 꽃의 보폭

봄은 소리로부터 온다

봄이 눈을 뜬다 작고 가벼운 소리
잠투정하는 갓난아기 울음소리
탁구공처럼 튀어 오르는 두부장수 방울소리
꽃샘바람 지나간 나이테에서 강물소리

봄이 울렁거리는 날 한 그루 나무가 될까
푸른 물들도록 열흘 붉은 꽃 지치도록 읽을까

새의 부리 같은 손끝으로
톡 톡 토도독 톡 꽃씨 터지듯
개나리 꽃무덤 아래 별이 돋는 소리
산란을 꿈꾸는 봄은 하냥 수다스럽다

나팔꽃 랩소디

모닝빌라 203호 할머니 모닝콜이다
막내아들과 단둘이 사는
아침이 걸어오는 길 작은 풀꽃을 매만지며
풀꽃들의 이야기 나팔꽃 랩소디

바람이 그늘을 찾는 폭염 한가운데 텅 비었다
허공도 길이 되는 깊고 깊은 가슴엔 무엇을 담았을까

나팔꽃 붉은 심장에 귀를 세운다
온몸으로 받쳐든 덩굴손 도돌이표에 닿을 때까지
소지 한 장 꼭 쥐고 빌고 또 빌던 할머니 말씀
불티처럼 따끔거리는 팔월 한낮을 손끝에 올려놓는다

꿈틀

ㄱ자로 꺾인 화단 모퉁이에
상형문자象形文字
생生의 무게 하, 내려놓고
주검이 이승을 떠나고 있다
하나로 태어나서 하나로 돌아가기 위한
순환 고리
가위눌림도 익숙해진
알 수 없는 그늘이 수북하다
이러다 정들면 어쩌누
내 목소리에 놀라
나보다 더 놀래는 기색이 역력한
화들짝 꿈을 깨운다
생의 마디에서 틀에 갇힌
세상을 향해 함부로 고개 숙인 일 없는
제 몸 밀어 지렁이가 당도한
주검을 보고서야
살아 있음을 꿈틀 꿈, 틀, 느낀다

나무 이야기

길은 곧게 뻗은 은행나무
잎잎이 팔작지붕 처마로 이어지고
한옥마을 그림자 펴 나릅니다
가지에 새를 앉히듯
누구를 기다리면 느티나무 근처입니다

수많은 소원을 담은 보름달도
바라보기에 따라서 한 그루 나무
상처와 연민으로 숲은
안으로 페이지를 넘깁니다
우듬지 가까이 둥지는 원을 그리고
낮과 밤이 감겼다 풀립니다

이팝나무 백합나무
발걸음도 아름다운 길입니다
그만그만한 키들의 빌딩 사이에서
마치 우리네 모습 같다는 생각
나무 이야기는 마침표가 없습니다

계단

층층이 시간이 복사되고 친환경순환버스가 오후를 지나간다
단단히 묶인 녹슨 시간이 콘크리트 벽을 뚫고 기지개 켠다
빨간 대문 집 검은 고양이가 리모컨스위치를 꾸욱 누른다
창문 너머 목이 긴 노란 화병이 문득 걸음을 붙잡는다
계단을 내려오던 아지랑이가 용수철처럼 튕겨 오른다
책을 쓰면 서너 권은 족히 된다는 말도 이즘엔 싱겁다
방금 자리 내주던 빈 의자가 벽에 기대어 중얼거린다
아지랑이가 원을 그리며 나선형 계단을 내려온다
동문서답에 어디서부터 어디까지를 말아 올린다
발자국 되짚을수록 세상은 벼랑 끝으로 간다
발길이 길을 잇고 두 손 가득 강물이 흐른다
ㄱ으로 ㄲ으로 한 장 남은 달력을 넘긴다
모퉁이를 돌아 나온 먼 기억이 일어선다
의자에서 벗어나 침대 모서리에 앉는다
TV 화면에서 뉴스스탠드가 사라진다
4·19, 5·18, 6·10, 8·15, 6·25, 3·1
다 지우지 못한 날들이 펄럭인다

하얗게 지샌 밤이 눈을 감는다
복도 끝에서 아침이 걸어온다
다시 비밀번호를 입력한다
모퉁이가 화들짝 놀란다
푸른 계단 뛰어간다 11
9 5 6 6 1 1 9 5 6 6
그림자가 따라오다
하나로 겹쳐진다
비로소 보인다
두 손 흔든다
뒤돌아본다
내딛는다
맨 처음
발자국
꾸욱
꾹
!

자화상

막잡아 올리거나 얼리지 않은 것은 **생태**/ 갓 잡힌 **선태**/ 마른 **건태**/ 겨울에 잡히거나 급랭으로 얼린 **동태**/ 고온 건조된 **흑태**/ 3~4월 봄에 잡히는 **춘태**/ 끝물에 잡힌 **막물태**/ 음력 4월에 잡힌 **사태**/ 오월에 잡힌 **오태**/ 가을에 잡힌 **추태**/ 명태를 말린 **북어**/ 배를 갈라 만든 **짝태**/ 겨울철에 찬바람에 얼고 녹기를 반복해 마른 것 **황태**/ 노란색이 나는 것 **노랑태**/ 소금에 절인 **간태**/ 반건조 상태로 코를 꿴 **코다리**/ 새끼명태 **노가리**/ 큰 명태 **왜태**/ 어린 명태 **아기태**/ 덕장에서 황태를 말릴 때 날씨가 따뜻해 물러진 **찐태**/ 기온차가 커서 하얗게 마른 것 **백태**/ 수분이 빠져 딱딱하게 마른 것 **깡태**/ 몸뚱이가 제모양을 잃어버린 **파태**/ 잘못 익어 속이 붉고 딱딱해진 **골태**/ 머리를 떼고 말린 것 **무두태**/ 유자망 그물로 잡은 것 **그물태**/ 낚시로 잡은 것 **낚시태**/ 주낙으로 잡은 것 **조태**/ 원양산 명태와 동해안 명태를 구분하기 위한 이름 **진태**/ 간성에서 잡힌 **간태**/ 강원도에서 잡힌 **강태**/ 산란을 한 직후 뼈만 남은 **꺽태**/ 명태가 금처럼 귀한 어종이 되었다고 **금태**

- 자료 : 국립수산과학원

풀밭에서 글밭에서

흔들리는 풀잎의 무게 몸이 기우는 쪽으로 보랏빛 꽃대를 밀어 올린다 비슷하다는 것은 얼마나 먼 거리인가 지워진 여백 그 너머를 더듬어 본다 글도 숨이 차면 폭설의 시간 외로움은 매일 먹는 밥 같은 말 슬픈 공감이다 풀밭에서 글밭에서 풍경의 완성은 사람이다 유모차를 밀고 가는 풀잎이 풀잎에게 어깨를 기대는 전에 보지 못한 모음과 자음에 눈을 맞춘다 수백번 수천번 그 자리에 우두커니 꽃은 피고 풀밭에서 글밭에서 시를 쓴다는 건 나에게 말을 거는 조용한 고독이다

서해西海를 품고 싶다

언젠가 그런 생각을 했어요
노을 진 바다에 가고 싶다
한없이 앉아
서해를 품고 싶다고

사람들이 맨 처음 찾는 곳
그들이 두고 간
바다, 노을 진 서해가
갯벌에 박힌
처음이라는 끝이라는 말을 되뇌며
남몰래 우는 걸 보았어요

바다에 앉아 노을을 보고 있어요
사라지는 모든 것은 붉기도 하지
세상 한쪽에서 그들과 섞여
물끄러미 바라보다 고개를 끄덕였어요

세상에는 처음과 끝이라는 아름다운 말이 있고
그 사이에 사실이 살아 숨 쉬는 거라고

〉

그들을 안고 울먹울먹
물의 끝에서 바다를 버렸어요
가끔은 서해가 작은 여자 같아요
풀잎처럼 일어나는 파도소리 파랗게 젖어오는

서해, 그녀를 만나러 지금 바다로 가요

밥

숙아
먹을 수 있을 때 먹거라

누워서 먹으니
가슴팍이 아프다

엄마를 먹다가
가슴에 얹힌 밥알 하나

눈물을 삼킨다

여름 보고서

건조대에 걸린 눅눅한 일상이
입단속을 하네요
냉수욕에 삼베 홑이불 뒤집어썼지만
고열로 들뜬 오후가 소리쳤어요

바로 코앞에서 들리는 소릴 내다보면
방충망에 매미 한 마리 한 잎의
흑백 무늬 큐알코드
바람의 중심에서 숨죽이고 있어요

사람이 사람을 생각하는 일
슬픔이 슬픔에게 건네는 위로
오직 한 사람을 위하여
이처럼 간절히 울어줄 수 있을까

은유의 깊은 잠에서 깨어나
매미 등을 한바탕 두드리며 지나갈 때
울울창창 울울창창
원시의 동음어로 여름 보고서를 썼어요

물들다

아직 남은 어둠이
입안에 자란 이끼 같은 말을 물고
하늘꽃 붉디붉은 노을이다
물들다는 것은
하루가 저무는 어느 한순간
멈춘 듯 시간은 흐르고
보이지 않을 때까지 바라보는
뜨거운 목숨이다
꽃집 앞을 지나며
물속 가득 담겨 있는 장미
뿌리가 된 줄기를 기억하는 것
존재만으로 눈이 부시다
살아가는 내내 흐름 속에
삶의 의미가 되고
우리 꽃으로 저문 날
또 누군가 노을을 바라보며
한문장으로 밑줄을 긋는다

입속에서 새가 운다

수식어 없이 쓴 문장
덩굴손이 허공을 감아올리는 창가
환하게 소란스럽다

이 가지에서 저 가지로
소리에 귀를 묻으니 바람으로 흩어지고
마음의 경계 끝 간 데 없이 고요해지고

지문처럼
허공 저 어디쯤 찍혀있을 푸른 문장
입속에서 새가 운다

내 말로
내 모국어로 한 번은 꼭 받아 적고 싶다
자꾸 만져본다

파랑새 경로당

유월 장미가 붉다
언뜻언뜻 방지턱이 보이고
세월을 움켜잡은 아득한 길 지나
마디 굵은 손에 연필 한 자루
지금이 가장 행복하다고
구순의 어머니가
사랑하는 막내아들에게 편지를 쓴다

한글을 배우면 맨 처음
편지를 쓰고 싶다는 어르신들
파랑새 경로당 살구나무
동글동글 물새알 같은 이야기
가 나 다 라 마 바 사
넓은 줄 열 칸 노트 칸칸이
접혔던 마음 용기 내어 펼쳐 보인다

파랑새 마당 꽃밭에
옥양목 햇살 한 자락 들여놓고
문이란 문은 죄다 열어놓고

섬집아기 자장 노래에
쉼표 없이 한 권의 바다를
한 장 한 장 파도소리 넘기며
겹겹이 닫힌 괄호 안으로 낮달이 뜬다

기쁨을 심는다

겨울 선인장
마치 먼 곳만을 바라보는 듯한
달의 구도이다

슬픔도 다하면 직립의
물기둥
방울방울 뜨거운 소통이다

아득한 시간
가장 먼저
결가부좌 기도하시는

어머니
그 자리에
나를, 꾹 눌러 심는다

이 영 임

이영임 강원도 인제 출생. 2000년《自由文學》시 등단. 시항동인 시집『詩鄕』제1집~제7집. (사)한국문인협회 회원. (사)강북문인협회 회원. (사)한국현대시인협회 회원. 이메일 rozuman@naver.com

이영임

동행

새해 첫 달
하얀 걸음 내딛는 시간
발을 맞추어 함께 걸어가자

때론 고개 숙여
발자국마다 피어나는 꽃
활짝 웃는 그대를 바라보리라
발걸음 깊이 솟아나는 샘물
꿈꾸는 그대에게 입 맞추리라

첫눈 위에
그대와 나의 출발을
선한 우리의 길을 내어보자

풀꽃

작은 꽃
보아도 보이지 않고
소리쳐도 들리지 않는
언 땅 그곳에서
무얼 하고 살았니

차가운 흙과 하나 되어
캄캄한 밤을 보내는 너는
바람 속
봄이 오고 있는걸
무엇으로 알았니

봄이 온 줄
봄이 온 줄을
웅크린 채 흔들리는
어둠을 밀어내고 풀꽃 너는
어떻게 피어났니

4월

수난을 지나
걸어온 길
돌아보니 꽃길입니다
시작과 함께 피었던 꽃잎
또 하나의 새로움을 위해 지고
십자가 앞에 서면
이렇게 살아라 건네는 말
동행하는 친구 있어
두렵지 않아
괜찮습니다
푸르고 무성한
숲을 고대하는 의지
높은 하늘을 누비는 구름처럼
나는 그곳에 있습니다

이 땅에 발을 딛고 서서

봄이 되어

봄이 오는데
봄이 온다고 수런거리는데
나는 아직 봄을 모릅니다

때늦은 폭설에도
겨울나무들 싹 틔우는데
나는 봄을 알지 못합니다

- 별일 없지?
- 보고 싶다
나비처럼 날아온 소리

두꺼운 얼음 밑을 보듬고
훈훈한 바람으로
머뭇거리는 심장의 소리를 듣겠습니다

마음밭 일구는 그곳에
봄볕 되어
문득 찾아가겠습니다

〉

생명의 꼬리를 묻고
봄이 되어
나는 이제 봄을 기다리지 않습니다

봄을 입히다

가시지 않는 한기를 뚫고
창 너머 햇살 얼굴을 내밀면
화들짝 꽃소식 들려온다

쌀쌀한 2월
영하의 날씨에도
남쪽에선 동백이 피고
설매화 복수초가 피었다 한다

고단한 살림살이 덩달아 놀라서
깊숙이 넣어둔
색 고운 천 꺼내고
낡은 청바지에 봄을 입힌다

우리는 결혼한다

마른나무들이 물관을 열어
서로의 팔을 내어주고
꽃샘바람에도 초록망울을 터뜨린다

나뭇가지 위에 앉아
오롯이 자란 소망
단추를 풀어 두꺼운 옷을 벗으니
이리저리 숨어 새들이 날고
3월의 향기
프리지아 노란 꽃잎도 좋아라 웃는다

발을 맞춰 함께 걷는 길
천지가 흔들리는
오늘 우리는 결혼한다

수선 좀 해주세요

수선집 창문틀에 앉아
틈만 나면 울어대는 비둘기
수선스럽다

구부러진 다리에 피가 흐르고
오후를 박음질하듯 쪼아대는
붉은 눈자위에 어린 그림자
어디서 받은 상처일까

구구구구구구구구구
구구구구구구구구구

사장님 나도 수선이 될까요

동백꽃

붉게 떨군 목숨
어깨에 푸른 바다 두르고
너에게로 간다

철썩이는 그리움
동박새에게 업혀

부서지는 햇살 위로
하얀 파도 소리 위로

눈이 내린다
또다시 동백이 되어
돌아설 수 없는 한 사람

꽃송이 발등을 덮고

퇴근길

움푹 닳은 길바닥에
물이 고이고
온종일 옥죄인 신발 속으로
빗물이 잠긴다

구름 위는 여전히 푸른데
분주한 하루를 살아냈는데
꿈꾸며 걷던 골목길은
젖어 흙탕물이 넘치고

습관처럼 내딛는 발걸음
새벽에 걸어왔던 그 길
익숙해지지 않은 눈물이
불어터진 세상을 걷는다

은밀한 오후

바짓단이 터졌다
테이프로 붙이고 옷핀을 꽂아보지만
걸을 때마다 밟히고 찢긴다

가을볕에 앉아
은밀한 작업을 한다
구겨진 사랑을 다림질하고
너덜거리는 오만과
색바랜 편견을 잘라낸다
선한 생각에 주름을 잡고
한 땀 한 땀 숨을 고르며
비뚤어진 입술을 다문다
구멍 난 자존심에 겸손을 덧대고
바짓단을 꿰매어 다시 입던 날

하늘은 노을을 풀어놓는다

포식자

까마귀 울음소리에
도로에 걸린 전선줄이 늘어진다

열매면 열매
종량제봉투면 봉투
상처 입은 비둘기도
거뜬히 먹어치운다
검은 주둥이가 번쩍인다

겨우내 묻혀있던
퀴퀴한 냄새까지 포식한
큰부리까마귀
무리 지어 낮게 비행한다

노려보는 음습한 눈동자
차가운 햇살에 줄지어 앉아
도시까지 점령하겠다고

저 주둥이를 꿰매야겠다

긴긴밤

정월 달빛에
차가운 비둘기 집

엄마 비둘기 콜록콜록
가슴 밑 파고드는 통증
날개 안에 감추고

제발, 내 집은 안전해야 해
홀로 참아내는 긴긴밤

모이 찾아 눈밭을 헤집어보니
여기저기 콜록콜록
세상이 온통 콜록콜록

지금은 코로나19
서로의 안부를 묻는다

설날 풍경

헐거운 둥지를 고치려고
해묵은 나뭇가지
입에 물고 나르는
까지 까치 설날은 어저께고요

고향 가는 열차승차권
스마트폰에 웹 깔고
한순간 구입하는
우리 우리 설날은 오늘이래요

내 고향 쇠말골

인제가면 언제 오나 원통해서 못살겠네 노래하던 내 고향, 수해의 상흔을 안고 사는 쇠말골 서울에서 2시간 거리로 바짝 당겨 앉았다

입 벌리고 선 도깨비 터는 사라지고 꿀쟁이 삼촌을 기다리던 갈래머리 소녀는 더 이상 없다 감자 캐던 할머니는 저 세상에, 흙바람 날리던 신작로를 걸어갔다

그러나 한계령에 변하지 않은 것 하나 언제나 한결 같은 마음 그리워 눈멀고 귀먹고 마음은 우두커니 서 있다

삼촌 집 마당 줄지어 선 벌통 사이로 윙윙 꿀벌 향 가득한 내 고향, 굽이도는 고갯길마다 설악의 품에서 자란 6월의 아까시 허리를 펴고 하얗게 묻는다

충분히 좋은 것

새벽 2시 40분
더듬거리며 리모컨을 찾아
텔레비전을 켜고
여기저기 채널을 돌리며 쓸데없이
세상소식을 듣는다
화장실 한 번 갔다가 신통찮게 돌아와
텔레비전 앞에 다시 앉고
이내 졸고 있는 꾸벅이를
멀뚱히 바라보고 있는 네모난 세상

늙는다는 건
빈둥빈둥 빈 둥지를 지키는 것
시도 때도 없이 깨어나 졸고 있는 나를
세상에 보이는 것
추억을 들춰내어 이리저리 뒤적이며
옅은 미소를 짓는다는 것
험한 소식 들어도 쉬이 잊고
총기 사라진 눈빛과 마주하며 손잡는 것
그러다 영원히 잠드는 것

늙는다는 건 좋은 것이다

누가 깨우지도 않았는데
일어날 이유도 없는데
이 시간이면 자꾸 눈이 떠진다